Weihnachten 1991

von Vera und Jörg

Sabine Naegeli

Hoffnung hat viele Leben

Sabine Naegeli

Hoffnung hat viele Leben

Herder Freiburg · Basel · Wien

Bildnachweis
Sabine Naegeli: Umschlagbild; S. 9; 13; 15; 17; 21; 25; 29; 37; 39; 41; 45; 47; 49; 51; 53; 55; 57; 67; 71.
Wolfgang Müller: S. 11; 23; 27; 31; 33; 35; 43; 61; 63.
Bernd Schmitz: S. 65.
Gerd Walter: S. 69.

Reproduktionen: Schaufler GmbH Freiburg
Herstellung: Freiburger Graphische Betriebe 1991
ISBN 3-451-22286-8

Meinen Kindern
Thomas, Daniela, Christina

Vorwort

Es ist nicht schwer, in dieser Welt Gründe zu finden, die gegen die Hoffnung sprechen. Von allen Seiten her scheint sich ihre Verneinung zu rechtfertigen.

Aber auch dies ist möglich, daß wir die Blickrichtung ändern und uns allen Ängsten zum Trotz dem zuwenden, was uns hoffen läßt. Wer nach Gründen zur Hoffnung sucht, der wird sie finden trotz und inmitten alles Entmutigenden. Hoffnung wächst da auf, wo wir sehen lernen, wo wir sensibel werden für das, was kostbar ist auf dieser Welt. Wer einmal wirklich zu sehen begonnen hat, der hat begonnen zu lieben. Und ein Liebender kann die Hoffnung nicht preisgeben, so schwer es auch ihm zuzeiten werden mag.

Wie oft schon
hat die Vernunft
der Hoffnung
die Tür gewiesen

Wie oft schon
hat das Herz
der Hoffnung
Asyl gewährt.

Unfaßbar,
was das Leben
uns antut!
Unfaßbar,
was das Leben
uns schenkt!

Mitten
in diesem Widerspruch
wohne ich.

Vorwärtsgetrieben,
immer am Weitereilen,
immer unter dem Joch
der drängenden Zeit.
Zwischen den Zeigern
der Uhr
verebbt das Leben.
Vergeblich wartet der Mohn,
daß du ihn siehst.

Mich aus dem Schatten
wagen,
Schritte ins Leben
tun,
der Angst
das Vertrauen
verweigern.

Noch einmal
kehrt der Winter
zurück
und taucht die Welt
in sein fahles Licht.
Zwischen froststarren Gräsern aber,
ein wenig verschneit,
grüßt sonnenfarben
der Krokus.

Einen Stern
will ich dir pflücken
vom Himmel,
den säe ich
in deine Traurigkeit.

Wird alles gut.

Heilwort
ferner Kindertage,
das mir die Seele
gewärmt hat.
Entzaubert längst,
zu Asche geworden.

Hoffnung stirbt
viele Tode.

Manchmal aber
genügt
der zarte Weckruf
einer Rose.

Hoffnung hat
viele Leben.

Fühlen,
was Leben ist.

Die Rüstung des Mißtrauens
ablegen.

Mich einlassen,
hautnah.

Der Angst
ins Gesicht sehen.

Den Schmerz
kommen lassen.

Bittersüße spüren
auf meiner Zunge.

Was tue ich mir an,
wenn ich das Leben
nicht wage.

Zugegeben,

die Tage
sind dunkler
geworden
und kälter.
Ich wäre
kein Mensch,
wollt' ich
meine Armut
nicht beklagen.
Aber noch
trage ich
die Wärme
lichterer Zeiten
in mir.

Grund genug,
zu leben.

Einsinken
in diesen Augenblick,
in seinen ungeahnten Reichtum,
keine Dauer fordern.
Im Weitergehen
die Lichtspur gewahren,
die zurückbleibt
in dir.

Das Ende
ist das Ende nicht.

Sind auch
die alten Quellen
versiegt,
so nötigt dich
die Dürre,
tiefer hinabzusteigen
und deinen Durst
zu stillen
an nicht geahntem Brunnen.

Das Ende
ist das Ende nicht,
es ist nur
Übergang.

Ginster, gelb-gelber,
bedeckst deine Kargheit
mit Gold,
weckst mir die Freude
ferner Tage.
Wohin leuchtest
du mir?

Nachfreude.

Lange noch
lausche ich
dem leisen Singen
der Seele.

Jedes Glück
hat seinen Abend.
Da versinkt es
sonnengleich
im Meer.
Eine Weile noch
erhellt sein Widerschein
den Horizont
des Herzens,
dann löscht die Nacht
es aus,
und du weißt,
daß es so
nie mehr zurückkehren wird.
Bleiben wird einzig
die Sehnsucht.
Aber dies,
daß es war,
wer kann dir's nehmen?

Begegnung,
sanfte Berührung
zweier Leben.
Gebend
nehme ich.
Nehmend
gebe ich.
Schweigend noch
wachsen wir
aufeinander zu.

Schweigst dich
fort von mir,
mußt ganz
dir selbst gehören,
darf dich
nicht halten,

aber Blumen
sind ausgesät
vor der Tür.

Sehnsucht,
dunkle Schwester,
selten verläßt du mich.

Und doch:

Welche Armut,
nichts zu haben,
wonach das Herz
verlangt!

Aus abertausend Sonnen
erblüht die Zärtlichkeit,

lebendiger Widerspruch
gegen die Finsternisse
auf dieser Welt,

sanfte Überredung
zum Leben,

bereit, sich zu verteilen
überallhin.
Sieh nach,
ob du das Fenster
geöffnet hast.

Zu oft
auf die Angst gehört
und mein Kostbares
verborgen gehalten.

Morgen ist morgen.

Heute
glaube ich ihr
kein Wort.

Wörterflut,
nichts hinterlassend
als Leere.

Auf die Warft
des Schweigens
flüchte ich mich
und baue

der Stille

ein Haus.

Geduld ist gut,
meine Schwester,
warten tut not.

Aber nicht immer
liegt im Ausharren
das Heilende.
Warte nicht,
bis etwas stirbt
in dir.

In Gottes Namen:
Wage den Abschied!

Wage das Leben!

Verschließe
das Tor nicht,
wenn du Herberge nimmst
dann und wann.

Vergiß nicht:
Du bist hier,
um weiterzugehen.

Den Farbenteppich
einer stillen Wiese,
mehr brauch' ich nicht
zu meinem Sommerglück.
Ins warme Gras
bette ich
die lärmverwundete Seele.
Regengleich versickert
die Unruhe.
Unter lichtem Wolkendach
birgt mich
der Himmel
und gibt mir
verlorene Träume zurück.
Hier hat die Zeit
kein Recht auf mich.

Ich bin –
das ist
genug.

Wecke dein Herz,
das kummerschwere,
steh auf,
und wage dich
bis an den Horizont
deiner Bedrängnis,
und sieh:

Zwischen Schmerz
und Schmerz
wächst
das Tröstende.

In der Enge
der Hast
kann Freude
nicht leben.

Verweilen
tut not,
sich langsam auftun
wie die Sonnenblume.

Zwischen Ufer
und Ufer
die schwarzen Tiefen.

Aber der Regenbogen.

Wer das könnte,
sich biegsam machen
am Tag des Unwetters,
schilfrohrgleich,
und ungebrochen
sich erheben.

Inselheimat
zwischen Tag
und Nacht,
wenn das Dunkel
sich lautlos
zu lichten
beginnt
und die Amseln
zärtlich
den Morgen
wecken.

Zeit, das Schweigen
zu brechen,

Zeit, aufzustehen
gegen die Entmutigung,

Zeit, ungeduldig
zu werden,
Klage zu erheben
im Namen
der Erde.

Auch David
war klein.

Dämmerung,
sanftes Hinübergleiten,

wie behutsam
nimmt uns
die Nacht
in ihren Schoß.

Diese Geduld,
mit der die Amsel
ihr Nest hütet.

Könnt' ich
die Hoffnung hüten
unter meinen Flügeln,
bis ihre Stunde
gekommen ist.

Das Kostbare
suchen
unter dem Vielen.
Gründe finden,
das Leben
zu lieben.